建設中の梁と柱。構造材はトドマツの無垢材。

室内照明は、蛍光灯型LEDを梁間に。

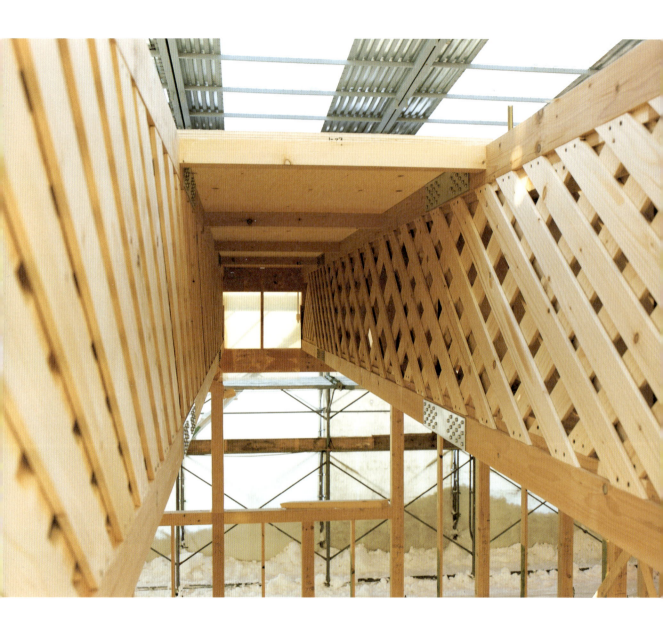

建設中のトラス・ラティス梁

トドマツで仕上げた耐力壁が執務ゾーンと打合せスペースを緩やかに仕切る。
写真右側はユーティリティを納めたミズナラ材のボックス。

厳しい気候にも耐えるトドマツオフィス。

執務・打ち合わせスペースの南側、建物奥からエントランスへの眺め。

窓はすべてトリプルガラス入りの木製サッシ。
開放感と断熱性とを兼ね備える。

圃場よりトドマツオフィスを見る。奥にはバイオビレッジの建物が見える。

todomatsu
トドマツで、建てる
office
林業と建築をつなぐ「やわらかな木造オフィス」
project

トドマツ建築プロジェクト●編

トドマツで、建てる　林業と建築をつなぐ「やわらかな木造オフィス」

はじめに

この本は、これまで建築の主材として使われてこなかった樹木「トドマツ」から、一棟の木造オフィスが生まれた経緯を記したものです。北海道の大地で、木々が秘めた可能性を開花させる挑戦です。

さまざまな人たちの巡り合いが、この建物を実現させました。
自ら育ててきた森林の新たな活用法を探る、製紙会社。
森林と共に生きる未来を選んだ、小さな町。
木の新しい使いかたに挑む、建築家。
そして、林業、製材業、建設業の現場で、プロの矜持を胸に働く人々。

そこで目指したのは、今ある資源で、まだない世界をひらくことです。何かを育てる場と、育てたものを活かす場をつないでいくことです。その意味では、人の営みをデザインする試みでもあります。

本書がここで語られる領域を超えて、広く「つくること」の未来を探る方々にとっての、小さな種になれば幸いです。

仮囲いに覆われ建設中の、トドマツオフィス。

目 次 ｜ contents

はじめに …………………… 2

chapter●1 トドマツを知っていますか？ 8

実は「松」じゃない？ ……………………………………………………… 13
人とトドマツの関係 ……………………………………………………… 19
トドマツの眠れる潜在力 ………………………………………………… 23

column｜日本の森の、いまむかし ●山の肥やしは草鞋の藁 ……………… 24

chapter●2 トドマツで、建てる 25

photo｜下川町のトドマツオフィス｜施工から竣工まで ……………………… 巻頭蛇腹折ページ
　　　　　　　　　　　　　　　 ｜竣工後 …………………………………………………… 26

下川町のトドマツオフィスについて｜内海 彩 …………………………………… 35

連綿と続く森林活用の新局面 …………………………………………… 41
領域を超えたつながりで、資源を活かす ……………………………… 43

column｜森林資源の有機的サイクル ●林業・製材・製紙の関係 ………… 44

木に挑む建築家と共に ………………………………………………… 51

新しい木の建物、新しい街づくり ……………………………………… 53

課題1　木材の乾燥 ……………………………………………………… 55
　　　　新しい材には、新しい乾燥法を …………………………………… 57
　　　　2,000kmの距離を越えた、挑戦心の出会い …………………… 59
　　　　さらなる新乾燥法の探求 …………………………………………… 61
課題2　太材なしでも、雪国の建物をしっかり支える ……………………… 63
　　　　用の美と、未来の礎の共存 ………………………………………… 67

大型建築、多層建築への可能性 ……………………………………… 71
無垢材と再構成材 ……………………………………………………… 73
地域の資源や知恵も活かす …………………………………………… 75

北の大地から明日を描く……………………………………79

トドマツオフィスで始まる、もうひとつの資源研究…………81

column｜**森林を浪費せず、放棄せず、継承する●これからの木造建築**………………82

chapter●3　木を生かし、木を活かし、木と生きる　83

生業としての森づくり……………………………………87

森林資源の循環型プロセス、「営林」……………………89

「木の一生」のはじまり…………………………………91

白銀に響く、収穫のこだま………………………………95

伐り倒す瞬間にも、次の森林づくりを想う……………97

狩人のような勇猛さ、耕作人のような丁寧さ…………99

森の歳時記──明日へつなぐバトン……………………103

リサイクル以前の本流、「サイクル」を考える…………105

chapter●4　未来に芽吹く種をまく　106

広がる「森林資源の活かしかた」………………………109

木質バイオマスの未来都市●下川町-1…………………111

地域発、森林と生きる国の先進モデル●下川町-2………113

木を新素材ととらえ、建築を考える●team Timberize………115

森林に育つ薬──薬用植物の研究●王子ホールディングス医療植物研究室………117

おわりに………………118

appendix●121

建築資料……………………………………………………121

special thanks……………………………………………129

本書の仕様…………………………………………………134

北海道 朱鞠内山林

chapter●1 　トドマツを知っていますか？

種は直径数ミリ。トドマツは60〜100年の歳月をかけ、
高さ二十数メートル、太さ60センチほどの大木へと育っていく。

トドマツの種

北の大地に根付き、
まっすぐ空へ伸びていく

北海道北部、歌登山林で育てられるトドマツ。

実は「松」じゃない？

トドマツは、正確には「マツ科モミ属」。いわゆる「松」にあたるマツ科マツ属とは別で、クリスマスツリーでおなじみのモミの木の仲間にあたります。
空へまっすぐ伸びる幹に、濃い緑の葉が茂る、常緑針葉樹です。

直径数ミリの種から、高さ二十数メートル、太さ60センチの大木へと育つものもあります。樹齢は、人工林では60年ほどで、100年以上を生きることも。
そう聞くと、私たち人間にとっても親近感が湧いてきます。

トドマツが好むのは、冷涼で適度に水分のある肥沃な大地と、明るすぎず、暗すぎない環境です。こうした性質から、日本では、北海道のほぼ全土と千島列島南部に生育しています。

北海道においては海岸近くから標高の高い山地まで広く分布し、道内の森林蓄積（樹木の幹の体積）において約4分の1を占める、最も多い樹種としても知られています。

幹からは階段状・輪状に密生した枝が水平または斜め上に広がり、
その姿は他の樹木と混交する森林中でもわかりやすい。
落葉広葉樹と混交する森林においては、秋にそれらが見せる紅葉と、
トドマツの緑の対比が風景に彩りを添える。

chapter ● 1 　13

北海道北部、歌登山林のトドマツ。

この木と人間との縁は、古くから続く

chapter●1 | 15

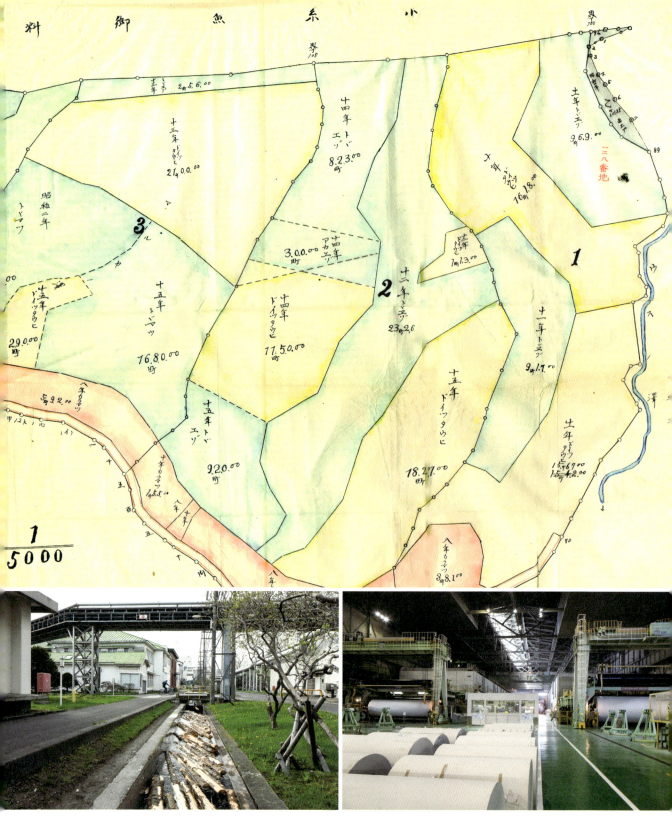

人とトドマツの関係

人との関わりでいえば、トドマツは製紙原料のパルプ用材として、日本の洋紙製造業の初期から大いに活躍してきました。

たとえば、王子製紙が1910年に設立した苫小牧工場に保存されている昭和初期の「造林施工成果図」をひもとくと、大正中期には現地でトドマツの植林が始まっていたとわかります。
現在、日本では製紙原料の多くを輸入材で賄うのが実情ですが、トドマツは日本の紙づくりを永らく支えてきた木なのです。

今も、北海道の広大な森林を構成する主要な樹木であるトドマツ。本州におけるスギのように、暮らしのいろいろな場面で使われてきました。比較的やわらかで加工しやすく、梱包材、魚箱などへの利用も。立ち姿の美しさから、庭園樹やクリスマスツリーにも使われます。

最近では、白木の美と温かみを活かした家具づくりの試みもあり、すっきりとした森の香りを抽出したアロマ製品も注目されています。人々とこの木の関わりは、かたちを変えながら続いています。

P.16-17 | 王子製紙苫小牧工場
道内から集まるパルプ材用の小径丸太は、手前に見える送木水路で工場内へ運ばれる。なお現在、丸太を使う工場は全国でも珍しい。

上 | 1930年（昭和5年）前後の「小糸魚山林造林施工成果図」。
8～15年生のドイツトウヒ、エゾマツ、トドマツの記載が見られる。
下 | 現在の王子製紙苫小牧工場。敷地内の送木水路（左）と、毎分1,500mもの速さで紙をつくり出す生産ライン（右）。

「生きた資源」を引き継ぎ、その先の可能性を開拓する

トドマツの眠れる潜在力

人の生活のなかでさまざまに使われてきたトドマツですが、現在、建物を支える構造材などの主材料にはほとんど用いられていません。もちろん、理由がいくつかあります。ただトドマツは、その克服に挑むに値する魅力を持つ木です。

凛とした白木の美しさ。まっすぐな幹。ほんのりと上品な森の香り。そして、比較的やわらかで温かみを帯びた木肌。やわらかさは建材に用いる際に課題にもなりますが、同時に、心身に優しい建物の魅力にもなり得そうです。たとえば、転びやすい子どもやお年寄りも安心して過ごせる床面づくりなど。

もうひとつ大切なのは、現在の日本におけるトドマツの成長ぶりです。長い時を経て育つこの木は、ちょうどこれからの十数年、多くの良木を本格的に伐採できる時代を迎えます。

そこで、各所で木と関わり続ける人々の地道な努力をつなげ合い、トドマツが持つ潜在力をさらに引き出せるとしたら?
そのとき、まだ誰も知らないこの木の魅力が、姿を現すかもしれません。

P.20-21｜歌登山林で伐採され、同じ長さに揃えた上で積み上げられたトドマツ。

製材されたトドマツ。温かみのある白木が美しい。

山の肥やしは草鞋の藁
日本の森の、いまむかし

日本は国土面積約3,779万ヘクタールのうち、6割以上が森林という、世界でも有数といえる緑の国。ただ、ひとくちに森林と言っても、そのありようはさまざまです。

まずその成立過程からは、天然林と人工林に分けられます。天然林（自然林）とは、自然の力で生まれ育った森林です。日本では森林全体のほぼ半分、約1,300万ヘクタールを占めています。一方の人工林は、人の手で植え育てられたもので、こちらは森林全体の約4割にあたる約1,000万ヘクタールです。そのほか、無立木地（樹木が生立していない林地）や竹林などがあります。

ただし、天然林のなかでも、人の手が全く入らず、一度も伐採されたことのない「原生林」はごくわずかです。天然林にはこの原生林＝一次林に加え、それらが伐採・火災などで消失後、自然または人の力で再生した二次林も含まれます。こうして見ると、日本の森林は、丹念に人の手をかけて育てられたものが多いことがわかります。

かつて古代から中世にかけて木材の需要は急増し、各地で大量伐採がなされました。「江戸絵画を見ると当時は禿げ山だらけ？」といった話もありますが、後に自然災害なども鑑みて、森林の保全が始まったと言われます。

いま林業を営む人々の間では「山の肥やしは草鞋の藁」との言葉もあるそうです。四季を通じ幾度も山に足を運び、手間と時間をかけ木々を育てる —— その営みが、今日も森を支えます。

東海道五十三次より「日坂」／歌川広重／19世紀

chapter•2 トドマツで、建てる

トドマツオフィス（北海道上川郡下川町）

1.5mの積雪、氷点下30℃の自然環境にも耐えるトドマツオフィス。

執務・打ち合わせスペースの内装は、温かみを感じる明るい色のトドマツが主材。壁際の床ガラリは床下空間を利用した暖房換気システムの吹出口。

建物を支えるのは、トドマツ無垢材の柱と、トラス・ラティス梁。

上 ｜ 約8m四方の空間が3つ並ぶ。入口側からの2つぶんは内装材もトドマツ中心。
下 ｜ 最奥部は実験室として使うため、耐薬品性のある長尺塩ビシート貼。

chapter ●2 ｜ 31

建物南側。21mの連続窓はトリプルガラスの木製サッシで断熱性能を確保。

建物北側。アイランド状に配置されたボックス内にキッチンやトイレが納められている。ボックスの仕上材はトドマツとの対比も映えるナラ。

下川町のトドマツオフィスについて

内海 彩（建築家／トドマツオフィス設計者）

このプロジェクトは、北海道の森林を代表する樹種であり、これから生産量のピークを迎えようとしている「トドマツ」を建築材料として今一度見直してみることから始まりました。トドマツはこれまで主に、梱包材やパルプ用材として、また建築分野では構造材や造作・仕上材ではなく羽柄材（構造材を補う材料や内外装の下地となる材料のこと）として使われることがほとんどでした。しかし、北海道の山に入れば、大きく立派に育ったトドマツをたくさん目にします。永年手をかけて育てた木はできるだけ良いかたちで永く使いたい。そんな思いを関係者で共有しながらプロジェクトがスタートしました。

北海道上川郡下川町一の橋地区に建つこの「トドマツオフィス」は、薬用植物の研究施設として使用されます。フラットな屋根の木造平屋建てで、内部は最小限の耐力壁で大きく3つのスペースに区切られています。エントランスに近いスペースは、来客との会議や社内ミーティング、研修等、多目的に使われ、中央は常駐する研究員の執務スペース、奥は実験室として使われます。キッチンやトイレなどの"裏方"は、アイランド状に設けられたボックス内に納められています。土台を除くすべての構造材・下地材にトドマツ製材を使用しており、7.8mスパンに、住宅用流通材サイズの製材で組み立てる木造トラス・ラティス梁を架け渡しました。

トドマツは水分を多く含むため乾燥が難しく、これが原因で生じるねじれや割れがネックとなって、梁や柱などの構造材にはあまり使われてきませんでした。そこで実際の施工に先立って、トドマツ製材を使ってトラス梁や両面にラティス材を張った試験体を作り、構造実験によって強度を確認しました。下川町は、構造計算上は1.5mの積雪を想定する地域ですが、そのような地域において使用例が少ないトドマツ製材を用いることを考慮し、トラス梁での構造計算で安全性を確認した上で、ラティス材を組み合わせることとしました。

トラス梁や柱に使う太い材に比べ、厚さわずか9mmのラティス材は乾燥させやすいものの、一枚一枚を見ればか弱い材です。しかし、薄いラティス材も大量に張ることで材料強度のバラツキが分散し、梁に加わる力に対して粘り強く抵抗することができます。それを実験で確認することができたため、トドマツ製材の木造トラスと薄いラティス材によるトラス・ラティス梁の実現に至りました。

上｜オフィスから冬の森林を望む。
下｜建物南側。風除室付きの入口から壁面に続く、ガラスを用いた開口部が開放感をもたらす。

弱い材をたくさん使って全体として強度を持たせるというのは、材料強度のバラツキを考慮しなければならない木造建築では昔から行なわれてきたことでした。たとえば、細い垂木が細かく並んで大きな屋根を支えている古い寺社建築などを見れば感じられるように、木の弱点であるバラツキを克服するための<たくさん使う>という手法が、日本の伝統的な木造建築の美しさを形作ってきたといえるかもしれません。今回の建物ではラティス材がその役割を担っています。無数のラティス材は、木造トラスの補強の役目を持ちながら、あまり見たことのない、しかし木造ならではの空間を作り出しています。

内装仕上にもトドマツを主に使用しています。内装材としてのトドマツは、本州でよく使われるスギ材の赤身と白身の混ざり合うのとは異なり、心材も辺材もほとんど色の違いのない、白く明るい木の色が特徴です。柔らかく加工しやすい材でもあります。柔らかさ故にフローリングにはあまり向かない材にも思えますが、日本のように玄関で靴を脱ぎ室内では裸足やスリッパ履きで過ごす生活においては、むしろ疲れにくく足腰に優しい床材といえるかもしれません。

トドマツの空間のなかに、深みのある表情を持ったナラ材の壁やニレ材の家具が配置されています。ナラの壁は堅さを生かし、5cmピッチに刻まれた深い目地にちょっとした棚板を差し込むこともできます。ニレは、このトドマツオフィスが建つ一の橋地区にもともと生えていたものです。

外装には下川町内で加工するカラマツ燻煙処理材を使用しています。これは隣接する「一の橋バイオビレッジ」の建築群にも多く使われ、地域の景観をつくっている材料です。燻煙処理は、厳しい自然環境のなかでできるだけ木材を長持ちさせる工夫のひとつであり、経年変化によって徐々に味わい深さを増していくことを期待しています。

外壁は、高性能グラスウールを充填した上にポリスチレンフォームを外張り、天井裏にはセルロースファイバー断熱材を吹き込んでいます。室内は、南面の横連窓からの採光によって十分に明るく、実験室の窓からはスモモの木々が、北や西の窓からは広い圃場（試験農場）が見渡せます。

空調に関しては、オフィスは北海道科学大学の福島明教授らによる「自然対流式床下暖房換気システム」を、実験室は温水パネルヒーターを採用しています。いずれも「一の橋バイオビレッジ」の、木質バイオマスを利用した地域熱供給施設より、温水供給を受けています。開口部の大きい建物ですが、トリプルガラスを入れた木製サッシを採用し、建物全体として非常に高い断熱性能を実現、冬は氷点下30℃を記録することもある厳しい環境のなかで、森林資源から作り出した熱をできるだけ逃さず快適な環境を作り出しています。

これまで使いにくいと考えられていたトドマツのような材料も、いきなり細材やチップ等にするばかりではなく、主要な建築材料として永く使えるようになれば、その間に次の世代の木を育てることができ、森林資源の持続的な活用にとって大きな意味を持つと共に、これまで気づかなかった新しい魅力を発見できるかもしれません。

"使いにくいとあきらめていたものが使えるようになれば……"というのはトドマツに限らず「木」という材料についても考えられることです。日本では、第二次世界大戦の復興のなかで、荒廃した山林の保全と都市の不燃化が推し進められ、都市部から木造建築が排除されてきましたが、現在、都市で需要のある耐震・防耐火性能を備えた建築を「木」でもつくることができるようになりました。そんな新しい木造建築を、私も一員であるteam Timberizeでは「都市木造」と名づけましたが、都市木造には、これからの都市風景を変えていくのみならず、森林資源や環境問題などさまざまな分野に影響を及ぼし、広く「木」に関わる人々や地域の連携のかたちを変えていく可能性も潜んでいます。

このプロジェクトでは、そのような連携が実を結び、一棟の建築が完成しました。その過程では、達成できたことも今後の課題として残ったこともありますが、そのどちらも大切に、次のサイクルへとつなげていく持続性こそが重要なのではないかと考えています。元来、日本の風土のなかで、木を育てることと空間を作ることは、分かちがたく結びついてきました。木造建築をめぐる社会的な状況が大きく変化してきた今こそ、その結びつきをしっかりと見つめ直すべき時なのだと思います。いつか実現する豊かな森や都市を思い描きながら、木や建築の可能性を追求し続けていくための連携を、広く深く進化させていけたら、と願っています。

この木々に宿る潜在力を、今できる最善のかたちで引き出す

chapter ●2 | 39

連綿と続く森林活用の新局面

トドマツを、従来の活用法を超えて建物の主役にしてみたい。
その発案元は、意外かもしれませんが、林業界や建築界ではなく、紙づくりから事業を興した王子ホールディングスでした。彼らもまた、木々と長く、深く関わってきた歴史を持ちます。

王子グループは、創業初期の明治時代から製紙原料の自給を目指し、社有林を日本各地の製紙工場付近に確保・育成してきました。なかでも北海道には、国内社有林総面積の約3分の2にあたる森林があります。
王子ホールディングスの鈴木貴さんは、こう語ります。

「ここで育てられた木々は今も製紙に活かされるほか、近年は家具・建材としても活躍し、有名ブランドショップの床材などにも使われています。自分たちが育てる森林資源について、時代に合った新たな活用法を日々探っていきたい。これも私たちの大切な仕事だと考えています」

その背景にあるのは、樹木をまさに「適材適所」で有効利用しつつ、森林を更新・維持していくサイクルづくり。トドマツで木造オフィスをつくるという発想も、この延長線上で生まれました。

梁の組み立ての際に目印となる「墨付け」を行う。

P.38-39 | 旭川の製材所にて。森林から伐り出された木々は丸太の状態で製材所に運ばれ、用途に応じて大型の「帯のこ機」などでカットされる。

chapter●2 | 41

領域を超えたつながりで、資源を活かす

身近なようで意外と知らない、資源としての木の使われかた。一本の木から、まず良質な部分を家具や住宅用の木材にし、その過程で生じた端材を、製紙原料などに利用します。さらに余った部分を燃料として使うなど、無駄なく活かすのが理想的です。

そして現在、日本で木材を最も多く使っているのは製紙業です。国内使用量の約半分が、製紙に使われています。これだけの量を扱う製紙業だからこそ、森林資源がより健全に機能するよう、多様な産業と結び付け、全体の向上を目指す役割を果たすべきともいえます。

日本では、木を育てる林業の営みは、製材業、製紙業、建設業など、複数の専門企業群が各領域を担当し合うなかで成立してきました。この日本特有の生産モデルは、近現代における人と木の関係を支えてきたものです。

しかし、輸入材の増加や製材技術の多様化など、時代の変化を受けて日本の森林資源はその活用サイクルの見直しに直面してもいます。各地で育てられた木々が伐期を迎えるなか、改めて領域を超えたつながりで「良いものは良いかたちで活かす」ことを実現したい。
トドマツでの建物づくりは、人と森林の関わりかたの再考でもあるのです。

上｜森林から製材所に運ばれてきた丸太は、まず太さ別に積み上げられる。手前は製材を前に皮むきされた丸太群。
下｜製材機で注文に合うサイズや形状に製材。職人の手腕が、一本の木から効率よく材を切り出す「歩留まりの良さ」を支える。

森林資源の有機的サイクル
林業・製材・製紙の関係

　紙づくりで成長してきた会社が、なぜ今、木の建物づくりに挑戦するのでしょう？ そこで、紙と木と森林の関係についての話を少し。

　現在の紙（洋紙）の主原料は、木材と古紙です。よって、紙づくりの源は森林づくりともいえ、昔から多くの製紙会社が自ら林業を営んできました。

　森林で大きく育てられた木々の多くは、まず製材所で加工され、角材・板材として、建物や家具に利用されます。

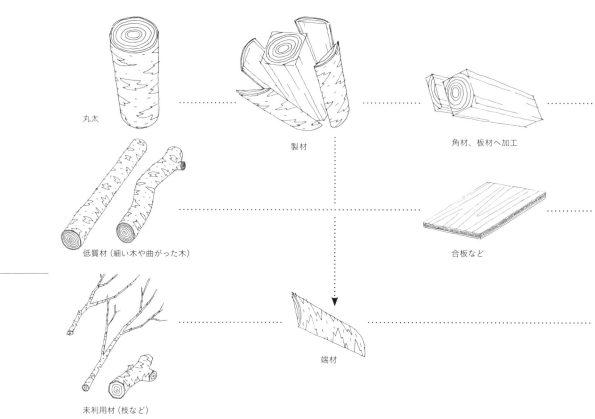

丸太　　製材　　角材、板材へ加工

低質材（細い木や曲がった木）　　合板など

未利用材（枝など）　　端材

ただ、丸太一本からこうした角材・板材がとれる割合は約半分です。残りの端材や未利用材（枝など）がチップになり、パルプ原料として大量の紙づくりに活用されてきました（ほか、全体の流れは下図参照）。
　つまり、紙づくりの背後には「林業・製材・製紙」という、連綿と続いてきた有機的ともいえるサイクルがあるのです。
　一方、安い輸入材の台頭や住宅建設手法の変化が、林業・製材業・製紙業それぞれに大きな課題をもたらしているのも、また事実です。
　だからこそ、継承と変革のなかでも森林を育て続けていくにはこのサイクルに新しい息吹を吹き込むことが大切です。トドマツの建築への活用も、有機的なサイクルを継承するという原点に立ちながら、未来への可能性をひらく「小さくとも大きな一歩」といえるでしょう。

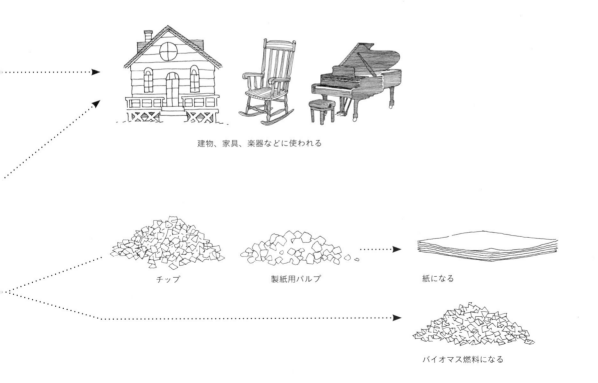

建物、家具、楽器などに使われる

チップ　　製紙用パルプ　　紙になる

バイオマス燃料になる

「樹木」から「建材」へ

P.46-47│下川町の冬の夕暮れ。ここではトドマツも
暮らしのすぐ側にある。

木材の新乾燥法研究の様子。

木に挑む建築家と共に

まもなくトドマツが北海道における森林資源の主力となり得る、その時期に向け、建材という形でこれまでの利用範囲を超えた場を与えたい。
そこで今回、トドマツオフィスのプロジェクトチームは、木に挑む建築家と協働することにしました。

「木の建物というと、多くの方は住宅や伝統的な社寺建築などを思い浮かべるかもしれませんが、実は今、木造でもさまざまな用途や規模の建築を作ることができるのです」

こう語るのは、トドマツオフィスを設計した建築家の内海彩さん。
東京で建築設計事務所KUSを営み、木の建物の新しい可能性を探るNPO法人team Timberizeの主要メンバーとしても活動しています。
古寺などに見られるように、日本は木造建築の長い歴史を持ちますが、近代化を通じ、防災面等から木の建物には制限が設けられました。しかし近年、この領域には新局面が訪れています。

「コンピューターを使った高度な構造解析や耐火技術、木質材料の開発も進み、2000年の建築基準法改正以降、"木造の耐火建築物"が可能になりました。コンクリートや鉄が主役だった大型・多層建造物も、木で作ることをあきらめずに、実際に建てられるようになってきたのです」

上｜内海彩さん。完成したトドマツオフィスにて。
下｜トドマツオフィス模型（1/30）

chapter ● 2 ｜ 51

写真｜淺川 敏

新しい木の建物、新しい街づくり

内海さんは東京大学で建築を学び、建築家・山本理顕さんのもとで働いた後に独立、今に至ります。木の建物に関心を持った契機は?

「もともとは自分の領域外で、大工さんのお仕事というイメージでした。きっかけは、山本さんの事務所を離れて今後を考えていたときに参加した、木の建築の勉強会です。法的には多様な木造建築も可能になったのに、現実に魅力ある実現例はまだ少ないと知り、どうすれば可能なのか? と興味がわきました」

2013年、内海さんたちは、1階は鉄筋コンクリート造、2〜5階は木造の美しい「下馬の集合住宅」で大きく注目されました。施主の最初の依頼から、10年越しで実現させた仕事です。

「"木造で耐火建築ができるなら、ぜひ集合住宅をつくりたい"との依頼でした。ただ前例もなく、法律面での準備や安全性の検証など、時間と経費は通常よりかかるとご理解頂いた上で引き受けました。構造実験や、建材メーカーと連携しての国土交通大臣認定の取得など、一歩ずつ前進させ、結果、10年がかりでしたね」

それでも、実際に建てることは次に大きくつながった、と内海さん。その蓄積は今回も、見えない柱となりトドマツオフィスを支えます。そしてこの建築もまた、次の未来へとつながっていきます ―― 。

下馬の集合住宅（設計：KUS一級建築士事務所）
1階が2時間耐火のRC造、2〜5階が1時間耐火の木造。
外周を覆うベイマツの「木斜格子」や、その間をぐるりと廻る共有階段も特徴的。

課題1　木材の乾燥

これまでさまざまな木の建築を手がけてきた内海さんたちteam Timberizeのメンバーも、トドマツを柱や梁などの構造材に用いる建物づくりは初めて。
そこには可能性と同時に、克服すべきハードルもありました。

「今回はトドマツの良木をそのまま活かすべく、無垢材の美や温かみの魅力にこだわりたいとのお話を聞きました。そこでこれに合った、材をうまく組み合わせる方法を提案したのです。ただ、設計にとりかかる以前に、その実現を左右する大きな課題がありました」

その課題とは、トドマツ材の乾燥です。森林の中では木の命ともいえる水分ですが、建築の材料に使うときには事前にこれをいかに上手く乾かすか、が最も肝心なところです。乾燥が不十分だと、建設後に割れや反りなどの変形や腐蝕の原因になります。
そしてトドマツは、水分量のひときわ多い樹木なのでした。

トドマツオフィスの内装（施工中写真）。
床も壁も、トドマツを主材に用いている。

chapter●2 ｜ 55

課題1 | 木材の乾燥

新しい材には、新しい乾燥法を

樹木が含む水分量は種類や環境でも異なりますが、針葉樹の含水率（水を含まない組織の重さを100として計算）は、心材で40〜50%、辺材部分では100%超えも珍しくありません。

トドマツの無垢材を建物に活かすとなれば、木が暴れる（＝竣工後に大きく変形する）ことがない乾燥が必須です。しかし、水分量が多く、さらに部分ごとにもその差が大きいトドマツを均一に乾かすのは、通常の人工乾燥法では難しいとわかりました。

野外で1年から数年かけてじっくり乾かす古くからの天然乾燥法も、現代に広く普及させ、建物に用いるのには、納期の面で厳しい。加えてコスト面でも、乾燥場所の長期確保や、天候変化に対応する人員が必要ゆえ、割高になります。

乾燥が難しいとされるトドマツを、材内部まで均一に乾燥できる方法はないか？
さらにその際、不良品の発生による無駄はできるだけ抑えたい。
果たして、それは可能なのでしょうか ── 。

そこでプロジェクトチームは、さまざまな木材乾燥法をテストしつつ、同時に自分たち独自の乾燥法開発にも挑むことにしました。

旭川で製材され、続く乾燥工程を待つトドマツの製材品。

chapter●2 | 57

課題1 | 木材の乾燥

2,000kmの距離を越えた、挑戦心の出会い

前例のないトドマツの本格的な乾燥、しかも構造材を想定した角材となると、やはり一筋縄ではいきません。産地である北海道はもちろんのこと、各地で実践されている木材の乾燥法を調査・見学する日々が続きました。

そうして遂に辿り着いたのは、北海道から遠く離れた高知県の佐川町。ここに吾川森林社の加工事業部「佐川プレカット」があります。
彼らの用いる「Sドライ」は世界でも特殊な、最新鋭の木材乾燥機。国内の木材乾燥法では唯一、特許を持つ「過熱蒸気式」システムを採用し、内部含水率15%以下の木材を安定生産できるといいます。

「過熱蒸気」とは、水の沸騰で発生する蒸気をさらに加熱したものです。これを炉に満たし、木材の表面も内側も約100℃に均一加熱します。そこから蒸気中の水分を徐々に排気すると、木材は偏りなく乾燥し、割れ・反り・ねじれがほぼない乾燥材が安定生産できる仕組みです。

トドマツで試験を重ねた結果、これを使えば今回の柱用の120mm角材にも対応可能で、さらに約20m³を数日で乾燥できることがわかりました。ほぼ無酸素で乾燥させるため、材の酸化や損傷が少ない仕上がりも魅力です。プロジェクトチームはこれを構造材に使うことを決定します。
挑戦を通じての、別の挑戦者たちとの出会いが生んだ成果でした。

「Sドライ」での構造材乾燥
初期設定以降は自動で解析、制御を行う「Sドライ」。
無事に乾燥を終えたトドマツが、奥行き約9メートルの
炉から引き出される。

chapter ●2 | 59

課題1 | 木材の乾燥
さらなる新乾燥法の探求

トドマツの産地・北海道とは遠距離のやりとりになる「Sドライ」の選択は、現時点の最善策でつくる、という今回の基本方針を貫いた結果でもあります。ただ、トドマツの乾燥法探求はこれが最終ゴールではありません。
たとえば、この特殊な乾燥法も木材への一定のダメージは避けられませんが、それを極限まで抑え、本来の風合いを残したまま乾燥できるなら、未来に向けた可能性はより広がるでしょう。

そこでプロジェクトでは並行して、従来にはない乾燥法の独自開発にも挑戦。
王子ホールディングス バイオリソース開発センターがこの難題に臨みます。
森林における理想的な製紙用樹木の育成を研究してきた彼らは、いわば樹木という生き物と、その環境の関係を知るスペシャリスト。従来にないミッションにも、持てる知識を駆使して挑みました。

もともと木材の乾燥法は経験則に支えられてきた部分も大きく、今、世の中に普及している方法も、究極の解決策というわけではありません。
そこで、乾燥に用いる空間をよりシステマティックに調整できる仕組みそのものの開発から始め、さらに諸条件を繊細に制御することで、トドマツ材の風合いを残したまま乾かす工程づくりを実現。含水率を約10%まで下げ、不良品率も5%未満で仕上げる段階まで到達しました。

その成果は今回、柱ほどは厚くない床材用のトドマツの乾燥に採用されました。
彼らは引き続き、太材や他の樹種にも対応できるシステムを追究中です。

新乾燥法の試行
トドマツの板材を、設定した諸条件ごとに管理し、
日々その状態をチェックしながら最適化を図る。

chapter ●2 | 61

課題2　太材なしでも、雪国の建物をしっかり支える

こうして乾燥という課題をクリアした一方で、建物の設計においても、トドマツならではの課題がありました。これまで使用例が少なく、構造材に多用されるベイマツなど海外の針葉樹ほどには強度を確保できないと言われていたこの木の強度を、どのように想定し、設計を進めればよいか。
内海さんたちにとって、それはどんな挑戦だったのでしょう?

「今回の建築は簡単に言うと、約8m四方、高さ3.5mの空間が3つ並ぶ形です。建物の基礎は鉄筋コンクリート造。柱、壁、梁といった構造材や床材は、トドマツを主材にしています。内部空間には大きな柱を持たず、また南側には窓が連なる、開放的な空間づくりを目指しました」

この空間を実現するには、特に屋根を支える梁に相当な太材が必要。しかしトドマツは、もともとそこまで樹径の太い個体は少ない木です。

「そこで、まず三角形を基本にして組んだ『トラス構造』を採用することとし、必要な荷重に充分耐えられる梁を設計しました。さらに、実際にトドマツ材を使った荷重実験では、薄いラティス材も組み合わせた3バリエーションを用意して臨み、トドマツ製材の強度やラティス材の効果も確認できました」

これらの結果をもとに、積雪1.5mにも耐える建物が実現しました。

上｜トドマツオフィスを支えるトラス・ラティス梁 (施工中写真)。
下｜高知県立森林技術センターでの強度試験。Sドライで乾燥させたトドマツ材で組んだ梁は、3種とも必要な強度が実証された。

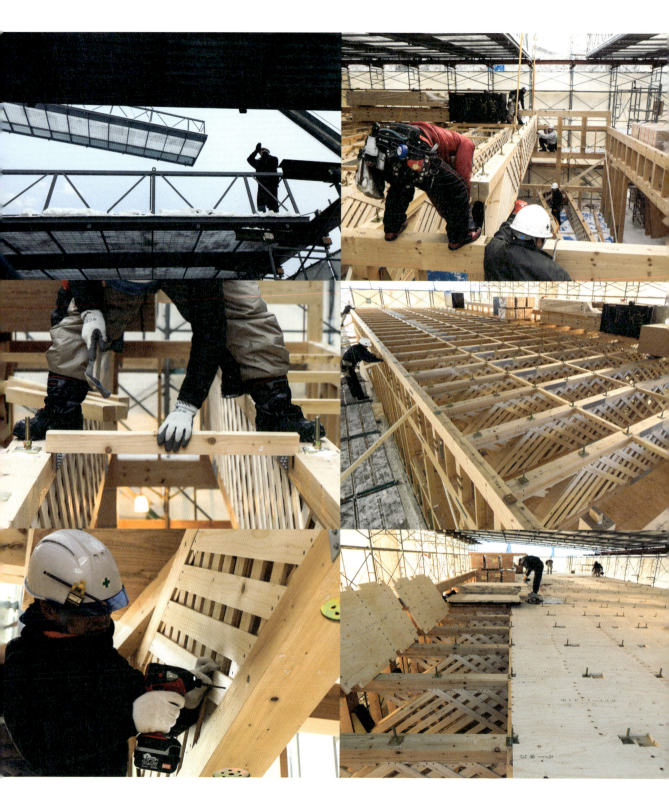

課題2 | 太材なしでも、雪国の建物をしっかり支える

用の美と、未来の礎の共存

このトラス・ラティス梁は、今回のトドマツオフィスの一番の魅力でもあります。
天井に美しい梁がつらなる様は、優しくも力強いものです。
内海さんたちにとっては、これまでスギなどの身近な流通材で手がけてきた経験
を応用したものですが、トドマツでの実践は初の試みです。だからこそ、実現
する意義も大きいと考えています。

「このトラスは、一般住宅で使うサイズの製材を用いているので、各地域の工
務店などが特別な設備を使わず施工できます。木造トラスの設計には、通常、
かなり労力が必要となります。案件ごとに複雑な計算や実験を行っているの
が現状ですが、今回の建築の実現を通して得た情報を広く共有できるように
なれば、トドマツを使った木造建築に挑戦する人々も増えてくるのではないか
と思っています」

このトドマツオフィスは、トドマツ建築の大事な一歩であり、これからも続くで
あろう試みの、貴重な礎でもあります。

P.64-65 | トドマツオフィス（施工中写真）。意匠的にも特徴のあるトラス・ラティス梁が並ぶ。

トラス・ラティス梁の架け渡し
乾燥地の高知で組み上げ後に輸送してきたトラス梁に、建設現場でラティスを取り付ける。
完成した梁は、一本ずつクレーンで吊り上げ「梁架け」を行う。
建設作業は冬季に行われたため、屋根の上も覆う仮囲いで積雪対策をして実施。晴天の日を
選んで仮の天蓋を順に外し、一気に梁架けを実施した。その後、再び仮天蓋を戻し、トドマツ
合板の天井を貼り付けていく。

chapter●2 | 67

ひとつの試みが、
次の可能性に続く道を照らす

執務・打ち合わせスペースの北側（施工中写真）。

大型建築、多層建築への可能性

約8メートル四方の空間を並べたトドマツオフィスの空間作りには、明確に未来を見すえた狙いがあります。

実はこれ、平均的な学校教室に近いサイズなのです。また、ここで採用されたトラス・ラティス梁の組みかたを応用すれば、内部に柱のない広々とした空間を、より大きなスケールでも実現可能です。
そう、新しい木の建物づくりは、学校やオフィスなど公共性の高い施設や工場など、より大きな建築にも対応できる技術と可能性を宿しています。

2010年、国においてもこの種の取り組みを自治体や業者へ促すべく、「公共建築物等における木材の利用の促進に関する法律」が成立。同年に施行され、大型建築、多層建築など、現場での取り組みの活性化が期待されています。

この小さな建物は、新しい街づくりへ広がる風景も描きます。

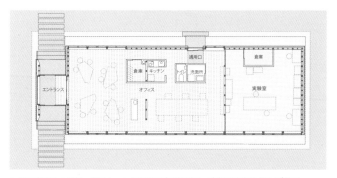

トドマツオフィスは、約8メートル四方の空間が3つ、内側に支柱を持たず並ぶ。

執務・打ち合わせスペースより、エントランス側を見る。

chapter●2 | 71

無垢材と再構成材

ところで、今回なぜ無垢材にこだわるのでしょう？

無垢材の魅力には、自然な木目や風合いの美しさをそのまま活かせる点、自ら水分を吸収・放出する調湿性、また薬剤使用量が比較的少ないことや、木そのものの香りも挙げられるでしょう。他方、材の大きさには自ずと限界があり、品質にもばらつきがあります。

対して、近年の技術発展により「再構成材※」も活躍するようになりました。寸法の小さな木材を接着材で組み合わせて多様なボリュームや形状に加工でき、強度や品質の均質性・安定性も確保しやすいのが特徴。こうした点から、資源の有効活用にも貢献します。一方、材の成形に用いる接着剤の経年劣化や、住まう人の健康への影響など、考慮すべき点もあります。

理想的なのは各々の長短をふまえ、必要に応じて自由に選べることです。
品質管理のしやすさでは、再構成材が優れていますが、無垢材の短所を克服していけるなら、選択肢は増えます。そして今、北海道で立派に育つトドマツも、余分な手を加えずに活かし、多くの人にその魅力や可能性を知ってもらいたい。それが今回、無垢材での建物づくりにこだわった理由なのです。

材料の普及には材の魅力と共に品質の安定や、適正価格での供給の仕組みが必要です。トドマツオフィスは、その最初の一歩としての役割も期待されます。

※厚さ30ミリ程度の挽板を積層した集成材、厚さ3ミリ程の単板を積層したLVL（Laminated Veneer Lumber）、また挽板を並べた層を、板の方向が層ごとに直交するように積層したCLT（Cross Laminated Timber）などがある。

トドマツオフィスのフローリングに用いられた、
トドマツの無垢材（施工中写真）。

地域の資源や知恵も活かす

外壁は、この建物が建つ地元・下川町産のカラマツを燻煙処理したダークブラウンの板材で覆います。防虫・防腐効果があるとされる町の名産。カラマツは、トドマツと並んで北海道を代表する針葉樹のひとつです。
また町では木炭の製造にも力を入れており、その過程で生じる余剰物を無駄なく上手に活かして生まれるのが、このカラマツ材です。

まずはカラマツの板材を、木炭の製造過程で生じる「木酢液」に漬け、さらに、やはり木炭づくりで発生する「燻煙」を集めた窯でいぶすことで、濃い茶色に仕上がります。
線路の枕木、植木の支柱に多く用いられてきた一方、近年はその耐性が評価され、これまで木材は避けられがちだった建物の外装としても活躍しています。町の各所でその特徴的な外観を目にすることができます。

「風土の異なる各地で、土地の資源や知恵を活かした建築がより多く生まれれば、それが地域の風景をつくっていくことになるでしょう。さらに、そこからより広い世界に対しても、見えてくる何かがあるはず」と内海さんは語ります。

こうしたコラボレーションも、今回のトドマツオフィスの特徴といえます。内部空間に広がるトドマツ材の白と、外装のカラマツ材の濃い茶色が織りなすコントラストも、この建物ならではの魅力になりました。

上｜カラマツ材を木酢液に漬けて煮沸し、防腐・抗菌成分を浸透させる。
さらに煙でいぶすことで、タールによる防水・防腐効果も高まる。
下｜今回はこのカラマツ燻煙処理材をトドマツオフィスの外壁に用いた（施工中写真）。

chapter●2 ｜ 75

「縁」が生んだ「縁」が育つ場所

北の大地から明日を描く

実際にトドマツオフィスが建つ場所についても話しておきましょう。下川町は、旭川からさらに北へ、車で90分ほどの場所です。

冬は氷点下30℃にもなるこの町には、約3,500人が暮らします。東西20km、南北30kmという、町としては広大な面積のうち約9割が森林という、木々との縁が深い土地柄も特徴です。そして、ここでトドマツの建物をつくれることになったのも、「緑が生んだ縁」が関わっています。

下川町は豊かな森林を活かし、間伐材や未利用材による木質バイオマスで地域の熱エネルギー供給を行うなど、森と共生する町づくりの先進的な取り組みで注目されています。国の「環境モデル都市」「環境未来都市」認定も受けています。

一方、王子ホールディングスは下川の町有林と隣り合う風連社有林を育み、隣接する名寄市では、グループ企業の王子マテリア名寄工場が日々、紙づくりを営んでもいます。そんな下川町と王子ホールディングスは森林と人の関係づくりに関して、広く協力することになりました※。

※2013年、両者は「森林資源の多面的な活用に関する連携協定」を締結。

P.76-77 │ 風連山林から下川町を眺める。

上 │ 下川町の地域熱供給システム（木質バイオマスボイラー）
下 │ 夕暮れの王子マテリア名寄工場。昼夜を問わず、蒸気が立ちのぼり続ける。

トドマツオフィスで始まる、もうひとつの資源研究

王子ホールディングスと下川町は森林資源の試験研究と共に、同社が進める
薬用植物研究でも連携します。これは、製紙の源流である林業で長年培った
知識と技術を、漢方薬や化粧品の原料となる薬用植物に活かす試みです。

そして今回、そのための「医療植物研究室」が新拠点として借り受ける、町の
新建造物として、トドマツオフィスづくりが実現したのです。
同研究室は、協定締結の2013年、町内の一の橋地区にて活動を開始。母体
となった同社 森林先端技術研究所の知見を引き継ぐ専任研究員たちが、現地
に約9,000m²の試験農場を構え、薬用植物の実践的研究を始めました。

従来の常識にとらわれず、時代と併走して森林資源の価値創造を続けたい。
立場は違えど、共通の志を抱くことから町と同社の信頼関係が生まれました。
森林発の新たな価値づくりは、こうしたかたちでも探求されています。

下川町を拠点にする医療植物研究室では、すでに
試験農場で薬用植物の栽培研究が始まっている。

森林を浪費せず、放棄せず、継承する これからの木造建築

現在の木造建築は古来からの知恵に加え、コンクリートなどの別素材や最新技術も取り入れながら、新たな可能性をひらいています。それは近代日本における「非木造」の建物の普及に、逆行・退行するものとも異なります。

鉄筋コンクリートなどの非木造建築の普及は、経済・社会・文化の変化における時代の要請に応えたものでした。また、かつて森林乱伐やそれによる資源の枯渇が懸念されたことも、この流れに関わったといえるでしょう。

しかし、近年はさまざまな技術発展により木の良さを活かしつつ、現代生活に即した建物づくりも可能です。また、森林資源を浪費せず、かつ放棄するのでもなく、木材の計画的な利用で国内の林業を再活性化できれば、それこそが豊かな森林の維持発展につながるでしょう。

そうした認識が近年、欧州など世界各地の森林先進国に浸透し、木造建築の意欲的な取り組みや、そのための法改正が広がっています。人と森林と建物の関係にも「持続可能性」が求められているのです。

森林資源を計画的に育成・収穫・活用すること。

それが、こうした財産を次世代に引き継いでいく術にもなります。

集成材

LVL（単板積層材）

chapter•3 木を生かし、木を活かし、木と生きる

生業としての森づくり
(なりわい)

「木を生かす」とは、森林の木々を健やかに育むこと。
「木を活かす」とは、育てた木々を役立てること。
そして「木と生きる」とは、両者の良い関係を循環させること ── 。

森林の乱伐は、経済成長期における負の側面でした。そこから人は、自然への介入には慎重であるべきことを学びました。特に樹木はそのサイズや成長までの歳月もスケールが大きく、無計画な伐採で大地にダメージを与えることは避けねばなりません。

ただ、日本の山々の多くは、いわば田畑と同じように人が丹念に手をかけることにより維持されてきたものです。原生林のように「そっとしておくこと」で保たれるのではなく、むしろ絶え間ない森林づくりの営為に支えられてきました。その世話人たちの足が遠のけば荒れてしまう、そういう場所です。

苗を植え、人々が世代を超えて育てた後、収穫し、また植える。
その利益で、山の世話人たちの生業が受け継がれる。
こう考えると、私たちの環境と林業の、深く、大切な関わりも見えてきます。

枝幸町の歌登山林にて。択伐に向かう作業員。

P.84-85 | 歌登山林での作業。急斜面の大木を、周囲の環境にも気を配りつつ伐り倒す。

chapter ●3 | 87

森林資源の循環型プロセス、「営林」

トドマツでの木造オフィスづくりの挑戦に関わる王子ホールディングスも、日本各地で社有林を育てています。そして、その総面積の約3分の2にあたる森林が、北海道にあります。

そこではトドマツ、カラマツ、エゾマツといった針葉樹、またナラ、タモ、カバといった広葉樹など、さまざまな木々が育てられ、製紙原料のほか、家具材、建材としても活躍しています。このトドマツオフィスでは、トドマツが初めて建築の主材に活かされることとなりました。

木を計画的に育て、成長した木々を伐採して活かす。それは、米や野菜を育てる農家の人々同様に生業として森林を育みつつ、同時に資源を次世代に受け継いでいく、循環型の営みです。時代と共に新たな試みが生まれるなかでも、原点には常にその想いがあります。

その基盤となるのが、「営林」と呼ばれる仕事に携わる人たち。彼らは世代を継ぎ、長い歳月をかけて森林を育て続けています。

平地の苗畑で育った後、森林へ移された若苗。
窒息を防ぐため浅目に植え、乾燥から守るため、
根元に枯れ葉がそっとかぶせられた。

chapter ●3 | 89

「木の一生」のはじまり

トドマツを育てる社有林のひとつ、名寄市内の風連山林。ある秋の日、土壌の「地拵え」を済ませた一帯に新苗を一本ずつ丁寧に植えていく人々がいました。平地で育んだ高さ約30センチの苗を、人の手で等間隔に植え付けます。

「植え付けは春と秋の年2回。畑から筵に包んで運び出した樹齢4〜5年の苗を、まだ"寝ている"うちに植え付けます。活発な成育期に移し替えると、必死に水を吸おうとして逆に弱ってしまうからです」と教えてくれたのは、作業に従事する地元の人々をまとめる藤島金五郎さん。齢七十を超えた大ベテランです。

作業員たちは鍬を手に、苗を詰めたバッグを背負っての仕事。山の斜面を上下しつつ、ひと月で4万本も植え付けることもあるそうです。「足腰と一緒に、根性もきたえられるよ」と彼らは笑います。

すぐ隣には、半世紀は生きてきたであろう20メートル級のトドマツ林が。ここでは木々を「林齢」ごとに管理し、計画的に植栽・伐採を行います。それが森林における、土や水の均衡をも支えているのです。
植え、育て、収穫する。その営みの第一歩が踏み出された日でした。

上│苗の根が長すぎると、植え付けた穴の中で根が折れてそこから腐ってしまう。そのため、丁寧に刃物で「根切り」を行う。
下│森林に届いた苗はまずまとめて仮植し、そこから作業員が植え付け区域に運ぶ。「自分がいるうちは若い衆にいろいろ教えたい。うるさい爺ちゃんです（笑）。でも長年やっても天候にだけは敵わない」（藤島さん）

白銀に響く、収穫のこだま

季節は変わって冬。道北、宗谷地方の枝幸町です。ここにも、王子ホールディングスの歌登社有林があります。氷点下11℃で「この時期にしては暖かいほう」というこの日、太く大きく育った成木の伐採作業が行われました。

案内役は、藤島さんと共に働く息子の俊美さんにお願いしました。一度は別の仕事に携わった後、営林の仕事に加わったそうです。

「わざわざ寒い雪の中で伐採するのは意外かもしれませんが、利点も多くあります。深い藪が積雪で潰され、作業用の重機が森林に入れるようになり、その重機で木を牽引する際も木や土壌を傷めない。さらに冬場は木が水を吸いにくいため、移送後も長持ちするんです」

「主伐」は、長い育成の歳月を経て迎える、収穫の瞬間といえるでしょう。森林のメンテナンスにあたる「間伐」に対し、林業の中核となる営みです。また今回の伐採は、成長した樹木をちょうどよい時期に伐り、森林全体の若返りを図る「択伐」にもあたります。

P.92-93｜風連山林での苗の植え付け準備風景。植え、育て、伐採する森林資源活用サイクルのダイナミックな縮図。

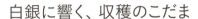

伐採した木々をワイヤーでブルドーザーとつなぎ、雪上を牽引。
「道のない山は手入れができない」と言われるように、現代の営林においては作業環境の整備も、四季を通じて重要になる。

伐り倒す瞬間にも、次の森林づくりを想う

作業は11月半ばから2月の時期、陽のある8時～15時に行います。バスを改造した移動式詰所で、薪ストーブを囲み今日の予定を確認。その後、積雪約1.5メートルの中で、樹木の伐倒、その移送と集積、出荷用の切断まで、各担当に分かれての作業となります。

伐倒する木々は、あらかじめ秋口までに選んでおきます。ショベルカーやスコップで雪を取り除き、根元を掘り出した後、チェーンソーでの伐採が始まりました。倒す向きを正確に決め、慎重に行います。北海道では「やまご」と呼ばれる、現代の木樵たちの仕事です。

「安全確保が何より大切。さらに、丁寧に倒すことでより価値の高い材になり、周囲の良木も傷つけずに育てていけます。作業時のドキドキは、初任の頃を100とすれば今は慣れて5くらい。でも、けしてゼロにはならないほうがいい」とは、ベテランの立野保治さん。

黙々と続く手慣れた作業のなかにも、その想いが随所に垣間見えます。
倒した木はその場で枝を払い、ブルドーザーにより雪上を牽引。森林の中の「土場」と呼ばれる広場に積み上げられていきます。

伐倒作業に臨む立野さん。
作業は驚くほど素早いが、常に周囲の木々へも配慮して
倒す方向を慎重に見極めた上で、伐り倒していく。

chapter ●3 | 97

狩人のような勇猛さ、耕作人のような丁寧さ

土場では、木を出荷用に規定の長さに切断していく「玉切り」作業も行います。
通称「バカ棒」と呼ばれる長い物差しを持った作業員が、木の曲がりや節を見つつ切る位置を決めていきます。
地元の藤島さんたちの協力を得て一連の営林作業を監督する、王子木材緑化の若手社員、小野秀将さんに聞きました。

「『バカ棒』の名は、これを使えば誰でも基準値（2.4m）が簡単に測れることで生まれたようです。でも実際の見極めは、経験が必要。木材の価値は年輪の細かさや、節がなくまっすぐなことなどで高まりますが、どう切るかでも価値が大きく変わってくるからです」

続いてチェーンソーを担ぐチームが、大木を豪快に切り分けます。
一方、切断が一段落するごとに欠かさないのが、こまめな刃研ぎ。その姿は、森に生きる狩人のような勇猛さと、自然の恵みを収穫する耕作人の丁寧さ、両方を感じさせます。

切断が済むと長さや直径を調べ、断面にその値を炭で刻印していきます。
個々の質と市況から用途を見極め、大型トラックで各出荷先へ ── 。
静寂の戻った森林では、引き続き生命が育まれていきます。

上｜玉切りは、計測係がスプレーで付けた目印をもとに進められる。
中｜断面には、その場で長さと直径を炭で刻印。赤丸印は「銘木市」にも出せる高級木材用で、ほか、一般製材用、製紙パルプ用など丸太の状態で等級別に分けられる。
下｜バスを改装した移動式詰所で、休憩のひととき。林道からオホーツクの流氷が見える日もある。

chapter●3 99

そしてまた、
大地に次の生命が育つ

chapter ●3 | 101

森の歳時記――明日へつなぐバトン

苗の植え付けから伐採まで、数十年に及ぶ歳月のあいだも、営林の手が休まる
季節はありません。
王子木材緑化の旭川営業所長 小笠原哲彦さんに話を聞きました。

「毎年、夏には、植林後5〜8年の稚樹が陽光を浴びられるよう、周囲の雑草
を刈り取る『下草刈り』が行われます。さらに木々の成長の障害になる笹や他
の樹木を取り除く『除伐』や、一本一本がより太く大きく育つよう、間引きにあ
たる『間伐』を適時に実施します。森林の状況を把握する立木調査も随時行っ
ています」

近年は大型の高性能林業機械なども活躍するようになりましたが、それでも、
人の目と手が果たす大切な役割は変わりません。ある作業スタッフは「次に
ここで本格的に伐採をする人間は自分たちではなく、後に続く世代なんです」
と教えてくれました。

先人からバトンを受け取り、それをまた次の世代へと渡す仕事。
森林では今日も、その営みが続いています。
次に描かれるべき未来のために ―― 。

―――――――――――――
P.100-101＆上｜夏の下草刈り。稚樹に陽があたるように、
人の手で刈り込んでいく。
下｜高性能林業機械による、真冬の間伐作業。歌登山林にて。

chapter ●3 ｜ 103

リサイクル以前の本流、「サイクル」を考える

日本の森林は、国有林と民有林に分類できます。国が保護管理する国有林は
約769万ヘクタールあり、森林全体の3割を占めます。民有林は、個人・会社・
社寺などが持つ私有林と、都道府県、市町村所有の公有林からなり、こちら
は約1,741万ヘクタールとなります。

王子グループも、国内外の各地で社有林を育てています。グループ全体の国
内社有林は総面積が約19万ヘクタールで、民有林としては最大。企業体が事
業の一環として保有する社有林においても、そこでの循環プロセスが、森林
保持の一端を担っているといえます。

ただ、環境が変化し続けるなかではこの「生成と活用の循環系」も永久機関の
ように同じサイクルを繰り返すことは不可能です。資源を育む場と活かす場とを、
最適なかたちでつなぐサイクルを絶え間なく変化・進化させて運用していくこと
になります。

森林を育てる過程で生まれる間伐材の利活用などもそうですが、そもそも林業
の根幹である主伐材の活用が健全に行われるよう、時代に合わせた木々の活
かしかたが求められます。製紙会社でも、原料確保を目的に始まった社有林
について、時代と共に、さらに多様な道が探られてきた歴史があります。

そこには業種の枠組みを超えた、森林を持つものとしての責務と、「もったいない
から」というリサイクル的思考以前の本流、「良いものは、良いかたちで活かす」
という根源的な思想があるのです。

歌登山林で育てられるトドマツ。

chapter•4 未来に芽吹く種をまく

育苗用のポットに一粒ずつまかれる、トドマツの種。

広がる「森林資源の活かしかた」

トドマツオフィスづくりに関わる人々を通じ、改めて見えてきたのは、森林が人間にとって多様な役割を果たす存在だということです。

製紙原料や材木など、樹種の個性ごとの活用法はもちろんのこと、森林全体としては土壌保全や治水の役目も担い、四季折々に見せるその景観も、人々の暮らしとつながっています。

さらに、新たな活用法も日々生まれています。燃料利用の世界では、薪や炭とも異なる新エネルギー資源に進化。薬用植物など生物資源のゆりかごとしても、森林が注目されています。

それらはトドマツオフィスと同じく、資源活用の未来に向けてまかれた、いくつもの「種」です。
その現在形と、そこから垣間見える未来の姿を覗いてみましょう。

チップの山
木をチップ状に細かく粉砕して燃やし、熱エネルギーを生み出す。森林資源の各特性に合わせた活用、無駄のない有効利用が、下川町各所で模索、実践されている。

木質バイオマスの未来都市
下川町-1

トドマツオフィスが建つ下川町は、木質バイオマスの活用に意欲的な町です。これを主力にしたエネルギー自給を目標とし、森林と共に生きる町として、全国でも先進的な取り組みを進めています。

バイオマスとは、樹木や草などの生物体を作る有機物を利用した、再生可能なエネルギー資源。このうち、木材からなるものが木質バイオマスと呼ばれます。

主な原料として、木々の伐採時に発生する枝葉材、製材工場で発生する端材や樹皮、「のこ屑」などがあり、住宅の解体材や街路樹の剪定枝なども加わります。今後は森林の育成過程で生じる間伐材の利用も、期待されています。

カラマツなどの針葉樹、ナラなどの広葉樹が豊かな森と鉱山を有した下川町は、その資源力を活かして成長してきました。しかし、産業・人口ともに縮小が進むなかで、新たに循環型社会を志向し、「森林未来都市」へ舵を切ったのです。その柱のひとつが、木質バイオマスの本格利用です。

下川町各所に点在するバイオマスボイラー
左上から時計回りに、中学校、幼児センター、育苗ハウス、温泉施設、小学校・病院、高齢者複合施設用の熱供給施設となっている。

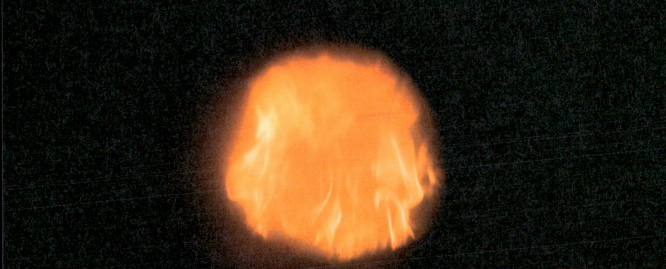

地域発、森林と生きる国の先進モデル
下川町-2

日本では古くから薪や炭を生活のエネルギー源に用いてきました。多くはその後、石炭や石油などの化石資源と交代していきましたが、地球温暖化など環境面への配慮、循環型社会への対応として、木質バイオマスに期待が寄せられるようになっています。

木々は森林で育つ際には光合成によって二酸化炭素を吸収し、エネルギーとして燃やされる際には、二酸化炭素を放出します。そしてまた若木が育つ、という循環は、大気の均衡にも貢献しているのです。

下川町は2004年度に、北海道初の木質バイオマスボイラーを導入。まず町の温泉施設である「五味温泉」へ熱エネルギーを供給し、続いて幼児センターや高齢者複合施設など、多くの公共施設で熱エネルギーを木質バイオマスで賄うようにしました。さらに、町内各所へ暖房・給湯用の熱を供給する仕組みの整備も進みます。

一方で、国際的な「FSC森林管理認証」を道内で初めて取得し、原料になる町有林の育成から活用まで一貫して行うべく邁進中です。国の「バイオマス産業都市」選定も受けています。

その取り組みは、森林と生きる国でもある日本で、先進モデルを示すものです。

木質バイオマスボイラーによる地域熱供給システム（給湯・暖房）は、下川町の各公共施設や、長屋風に外廊下でつながった「集住化住宅」に活かされ、地下配管を通じて近隣エリアの暖房にも用いられる。

上2点｜
『Timberize TOKYO 都市木造が東京を未来へつなげる』展（2014年、青山スパイラル）

下7点｜
『ティンバライズ建築展 ―― 都市木造のフロンティア』（2010年、青山スパイラル）での「表参道7プロジェクト」模型。同展は全国5都市を巡回。

都市木造の提案

LATTICE：立体的に組まれたランダム格子構造を中心とした空間（八木敦司／加藤征寛）

SOLID：単板積層材大型ブロックの組積と掘削による木塊（久原 裕／腰原幹雄）

CUBE：小スパン軸組木構造の中層集合住宅（小杉栄次郎／腰原幹雄）

PETAL：五角形グリッドに展開する小断面重ね透かし梁ユニット（内海 彩／加藤征寛）

HELIX：現代の曲げ木技術を応用した二重螺旋構造（樫本恒平／佐藤孝浩）

PLATE：集成材の折板構造による木あらわし型耐火建築物（布施靖之／佐藤孝浩）

30：燃えしろ被覆型耐火構造部材による木造ラーメン30m級（山田敏博／腰原幹雄）

写真｜淺川 敏

木を新素材ととらえ、建築を考える
team Timberize

トドマツオフィスを設計した内海さんたちteam Timberizeのメンバーも、建築の世界で木の活かしかたを探求し続けています。
かつては技術的限界から、木でつくれないと思っていたもの。
コストや法令など、現代社会の事情からあきらめていたもの。
各要素の進化でそれが可能になったとき、日本はどう変われるのか?

そんな大きな視野で立ち上げたNPO法人 team Timberizeでは、技術とデザインの両面から、研究と実践を重ねています。材料、構造、工法、防耐火など新しい木造建築を支える技術に始まり、都市の景観やまちづくり、木材利用がもたらす環境や社会への影響など、広く深くさまざまな課題について考え、活動しています。
その上で、伝統に縛られない新しいデザインにも挑戦し続け、さらに、関連した展覧会や講演、また書籍の執筆なども行っています。

木材を意味する「timber」と、意思と行動を示す接尾辞「-ize」の掛け合わせで生まれたチーム名にも、彼らの強い想いが込められています。

トドマツオフィスが見据える先に、より幅広い建物利用があるように、彼らは都市における大きな木造建築の可能性にも意欲的です。現在では、木造の中・高層オフィスビルや集合住宅、学校や商業施設なども可能になりました。それは遠い夢物語ではなく、「すでに始まっている未来」なのです。

森林に育つ薬——薬用植物の研究
王子ホールディングス 医療植物研究室

そして、このトドマツオフィスの利用者となる、王子ホールディングス 医療植物
研究室の活動も本格化しています。

現在、漢方薬は日本でも愛用者が多く、高齢化社会の到来や東西医学の融
合などから、産業としても成長を見せる分野です。また近年、その活用は食
品や化粧品など、より多彩な広がりを見せています。
一方で、原料となる薬用植物の8割以上は中国などから輸入されています。
そこで今、国産薬用植物の安定供給が期待されているのです。

医療植物研究室では、母体となった同社 森林先端技術研究所の実績を活かし、
下川町のトドマツオフィスを活動拠点に、この新領域の研究を担います。こう
した植物は、各地の社有林にも自生していることがわかっているため、森林の
循環における新たな価値づくりにもつながる可能性を秘めています。

当面の使命は優良な種苗を獲得し、効率的な栽培法を確立すること。製薬会
社や大学・研究機関とも連携しながら、研究を進めています。

こうして、森林に根ざす資源活用は、今後もつながり合い、支え合いながら、
一歩ずつ、しかし確かな歩幅で前進していきます。

試験農場および研究室では、日々、挑戦が続く。
「日本は江戸期に漢方を輸出していたと言われ、今も高品質な薬用
植物は評価されています。北海道の"安全・安心"というブランド力
も活かし、全国、さらに海外へ広がる成果を目指したい」
(同研究室長・佐藤茂さん＝下写真中央)

おわりに

2015年、3月13日。冬の寒さも和らぎ始めたこの日、トドマツオフィスは下川町で竣工のときを迎えました。

とはいえ、ここからが本当の始まりです。この建物を通じてトドマツの良さと可能性を伝え、同時にその発展形を引き続き考察し続けることでより広く北海道以外の地域にも普及させていきたい。
プロジェクトが目指す本来の目的は、そこにあるからです。

その意味では本書もプロジェクトの記録物という性質を超え、はじめに述べたような「人の営みをデザインする」ことを考える、その契機になることができれば、と考えています。

冬季の厳しい環境下で行われた建設作業ですが、春の訪れを前に完成した建物は、未来への種が力強く芽吹いたようでもありました。この芽が大きく育つことを願います。

プロジェクトチーム一同より、本書の出版に有形無形のご協力を頂いたすべての方々に、この場を借りて心からの感謝の想いをお伝えします。

竣工直後のある夜、明かりの灯ったトドマツオフィス。

竣工直後、エントランスの大窓越しに見る下川町の夕暮れ。

• appendix

● 建築資料

● 平面図

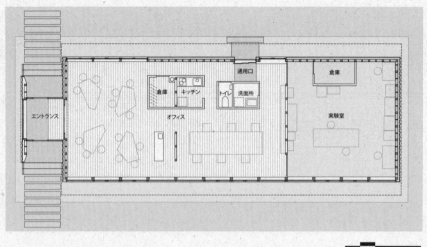

● 付近見取り図

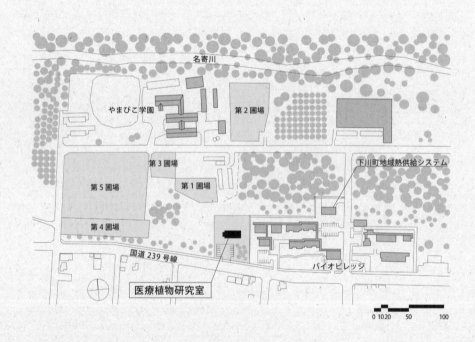

下川町のトドマツオフィス
王子ホールディングス株式会社 医療植物研究室

●立面図

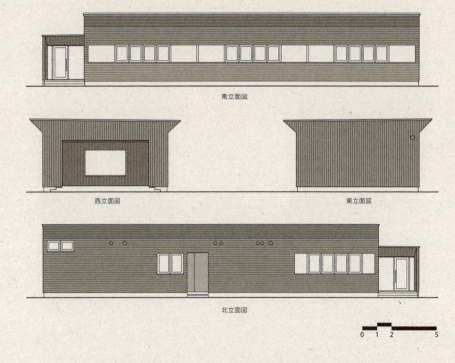

南立面図

西立面図　　　　　　　　　　　　　東立面図

北立面図

0 1 2　　5

●断面図

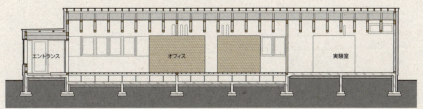

A-A 断面図

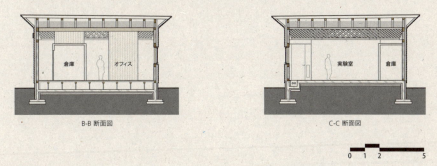

B-B 断面図　　　　　　　　　　　C-C 断面図

0 1 2　　5

appendix | 123

●断面詳細

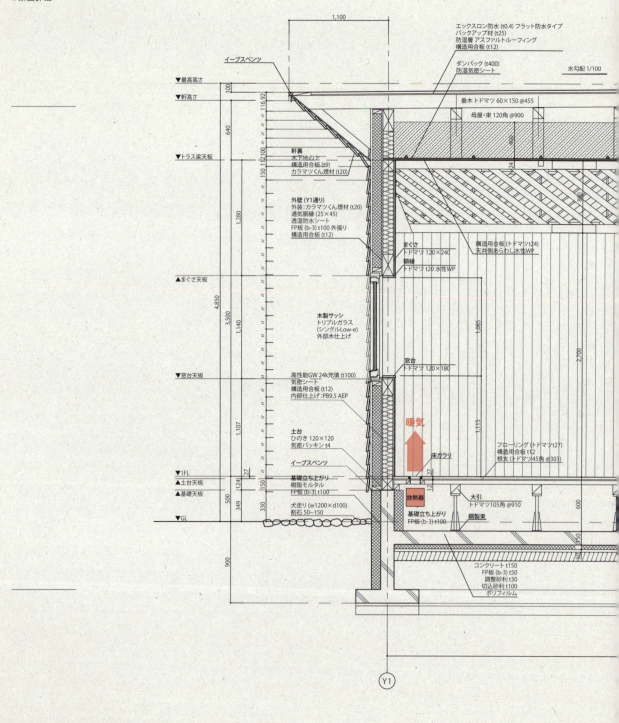

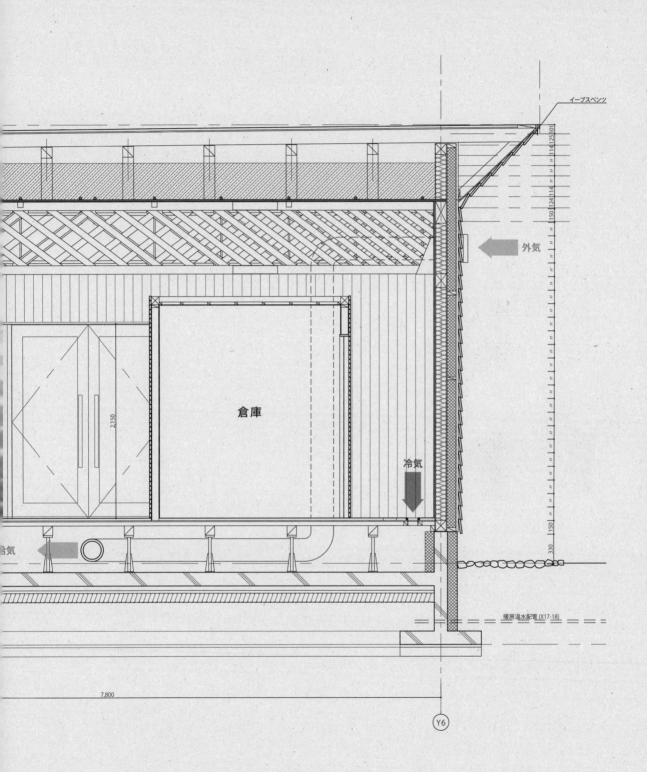

appendix | 125

● ラティス詳細図

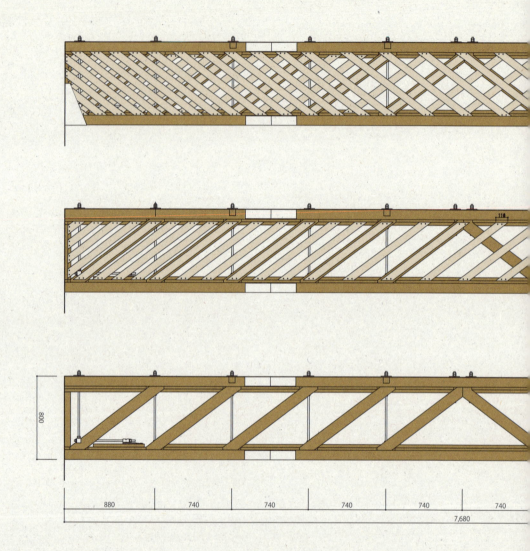

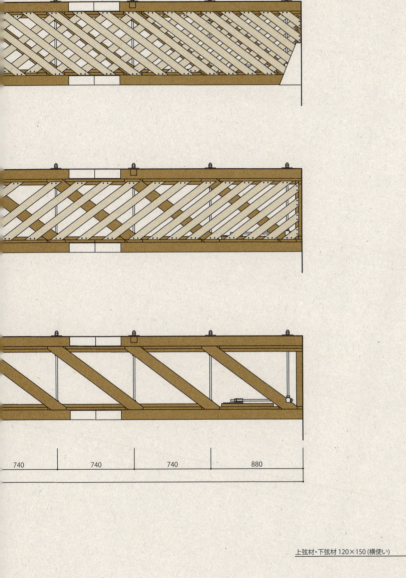

appendix | 127

名称	下川町誘致企業貸付試験研究施設
	(王子ホールディングス株式会社 医療植物研究室)

用途	事務所＋実験室

建設地	北海道上川郡下川町一の橋607
用途地域	指定なし
防火地域	指定なし

敷地面積	2839.95㎡
建築面積	190.14㎡
延床面積	177.81㎡（施工床面積　185.79㎡）
規模・構造	木造平屋建て
最高高さ	4.85m
軒高さ	4.64m

外部仕上げ	屋根	鋼板シート防水
		セルローズファイバー断熱材（ダンパック）t=400 吹込み
	外壁	カラマツ燻煙処理材（南京下見貼、大和貼）、トドマツ羽目板、
		高性能グラスウール（密度24K）t=100 壁内充填
		＋FP板 t=100 外張り
	開口部	木製サッシ＋トリプルガラス（シングルLow-e）
	基礎	FP板 t=100 外張り＋樹脂モルタル

内部仕上げ	[打合せ・執務スペース]	
	床	トドマツフローリング
	壁	プラスターボード AEP、トドマツ羽目板、ナラ羽目板
	天井	トドマツ合板 WP
	[実験室]	
	床	長尺塩ビシート
	壁	プラスターボード AEP
	天井	トドマツ合板 WP

空調設備	空調方式	[打合せ・執務スペース]
		床下放熱器による自然対流式床下暖房
		[実験室]
		温水パネルヒーター
		※共に木質バイオマス熱供給施設より温水供給
	換気方式	第三種換気

衛生設備	給水	直結給水方式
	排水	浄化槽設備/公共枡に放流

電気設備	受電方式	低圧受電方式

工期	設計期間	2014年5月〜2014年8月
	工事期間	2014年10月〜2015年3月

設計	建築	内海彩（team Timberize/ KUS）
	構造	佐藤孝浩（team Timberize/ 桜設計集団）
	機械	守田眞澄（建築設備設計 繊企画）
	電気	長谷川博（長谷川設備計画）
	照明	稲葉裕（フォーライツ）
	協力	下川町ふるさと開発振興公社、
		藤田設備企画、旭川設計測量

監理	建築	内海彩（team Timberize/ KUS）
	構造	佐藤孝浩（team Timberize/ 桜設計集団）

施工	盛永・金子・三賀経常建設共同企業体

● special thanks [敬称略]

営林

王子木材緑化(株)旭川営業所
小笠原哲彦
豊岡将樹
小野秀将
牧野英智
田中将文

王木林材(株)道北出張所
藤島俊美
片岡博明
藤島金五郎
伊藤佳水
立野保治
原水初子
原水隆行
滋野 亮

近井木材産業(株)
近井孝義
北村林業(株)
北村 彰
高橋良彦
清村キヨ子

製材・木材乾燥

(株)斉藤工業所
三津橋農産(株)
(株)吾川森林 佐川プレカット
「愛工房」東京・板橋研究所

建築

NPO法人 team Timberize（理事長：腰原幹雄）
(株)KUS 一級建築士事務所
内海 彩
丸山裕貴
桜設計集団 一級建築士事務所
佐藤孝浩
一般財団法人 下川町ふるさと開発振興公社
相馬秀二
北海道科学大学
福島 明
(有)建築設備設計 纏企画
守田眞澄
長谷川設備計画
長谷川 博
(株)フォーライツ
稲葉 裕
(有)藤田設備企画
藤田良博
旭川設計測量(株)
吉田慎二
高知県立森林技術センター
沖 公友
盛田貴雄
腰塚実穂

◆設計補助及び模型制作
稲富人我／小林好輔／佐久間勝見
貫井総子／古市 翼／本山真一朗

appendix | 131

施工

盛永・金子・三賀 経常建設共同企業体
(株)盛永組
髙橋裕茂
金子建設(株)
牧野勝行
(株)三賀組
高橋政志
共工電気工事(株)
岡和田久治
(株)木本動力工業所
堀 雅之
(株)美馬組
美馬範雄
(有)多田鉄筋工業
多田由秋
(有)アオイ建設工業
青井孝志

美浪左官工業(株)
美浪利光
西山技建
西山正明
西山幸男
西山勝利
(株)谷内
柳澤寿宜
(株)M×4
堀 継興
(株)廣野組 日東木材事業部
為岡伸行
(株)タダノ
黒田隆一
(有)テラニシ
後藤正勝

建築資材 ————————————————

王子製袋(株)
(株)コンプウッド
下川フォレストファミリー(株)

下川町 ————————————————

環境未来都市推進本部

王子ホールディングス(株) ————————————————

西窪伸之
浅田隆之
土居智仁
冨田啓治
佐藤 茂
大道 隆
立道良泰
永塚俊寿
鈴木 貴

●本書の仕様

この本の用紙の一部に、トドマツを原料とする紙を使っています。
表紙の「防錆紙」は名寄工場で、本文巻末のグレーの紙「タブロ」は苫小牧工場で作られています。
防錆紙は、原料である木の風合いをしっかり感じとれる魅力的な紙です。
折目をつけたところは、樹皮のようにもさもさとした割れが生じます。本書では、背と小口の折返し部分です。
これも防錆紙の独特な味として造本に生かしています。紙そのものをお楽しみください。

造本
B5判変型｜コーデックス装｜片がんだれ表紙｜総ページ数：156ページ

用紙
表紙｜防錆紙 380g/㎡（王子マテリア）
本文｜OKブライトラフ B判T目97kg（王子製紙）／タブロ 四六判Y目65.5kg（王子エフテックス）
巻頭蛇腹折写真ページ｜OKミューズガリバーマット CoC（ハイホワイト）四六判Y目135kg（王子エフテックス）
折扉｜白夜 四六判Y目 43kg（王子マテリア）
帯｜OKブリザード 四六判T目 86kg（王子マテリア）

トドマツで、建てる──林業と建築をつなぐ「やわらかな木造オフィス」
トドマツ建築プロジェクト●編

2015年8月15日発行

文｜内田伸一／内海彩（team Timberize／KUS）　写真｜今井智己
アートディレクション｜ミルキィ・イソベ（ステュディオ・パラボリカ）
エディトリアルデザイン｜江藤玲子　レイアウト｜林 千穂（ステュディオ・パラボリカ）　イラスト｜小林系

発行｜トドマツ建築プロジェクト［NPO法人 team Timberize（ティンバライズ）／北海道・下川町］

発売｜株式会社ミシマ社
〒152-0035 東京都目黒区自由が丘2-6-13｜☎03-3724-5616 ☎03-3724-5618　mail｜hatena@mishimasha.com
http://www.mishimasha.com/　振替｜00160-1-372976

制作進行｜ステュディオ・パラボリカ
印刷製本｜図書印刷株式会社　印刷進行｜石原真樹／藤川周子　造本進行｜岩瀬学　プリンティング・ディレクター｜丹下善尚

printed and bound in Japan
ISBN978-4-903908-66-3
本書の無断転写、転載、複製を禁じます。